Crépuscule de L'Hypnose

Un regard cynique et attristé
sur ma passion

Christophe Pank

Copyright : 2016 Par Pank

ISBN # : 978-1530860555

Table des matières

Du même Auteur Chez HnO Edition

1/ *Initiation à l'Hypnose Classique Curative (Oct-2012)*

2/ *Méthode d'Auto Hypnose (Nov-2012)*

3/ *Hypnose et Régressions (Janv-2013)*

4/ *Initiation à l'Hypnose Urbaine (Dec-2012)*

5/ *L'ésotérisme décrypté par l'Hypnose (Avr-2013)*

6/ *Hypnose avec les Enfants (Mai-2013)*

7/ *Mieux éduquer ses enfants grâce aux outils de l'Hypnose (Juin-2013)*

8/ *CrossTherapy (Oct-2013)*

9/ *Mes Premiers pas sur la loi d'attraction (2013)*

10/ *Hypnose H-Ultra Ou Hypnose Profonde (Nov-2013)*

11/ *Laboratoire Hypnose Volume 1 (Oct-2013)*

12/ *CT Energetics : Magnétisme et Transes (Janv-2014)*

13/ *Chercheur sur la Loi d'Attraction (Janv-2014)*

14/ *Hypnose et Hypnosophie (Avr-2014)*

15/ Apprendre le système TPA (Mai-2014)

16/ Hypnose et Posture du Praticien (Juil-2014)

17/ Hypnose et la Pre-test Therapie (Oct-2014)

18/ Base de PNL Interpersonnelle (Nov-2014)

19/ Base de la PnL Coaching (Fev-2015)

20/ Périple d'un Praticien d'Hypnose contre le Cancer (Fev-2015)

21/ Manuel de Formation à l'Auto Amour (Avr-2015)

22/ Hypnose et Douleur (Juil-2015)

23/ Cette Hypnose Ascendante nommée Hyperempiria (Sept-2015)

24/ Hypnose Elmanienne (Nov-2015)

25/ Questiosophie (Fev-2016)

Introduction

L'hypnose, cette discipline **aux multiples facettes,** reprend depuis quelques années ses **lettres de noblesse.**

De la simple escroquerie, à son **retour dans les hôpitaux,** du mesmérisme aux spectacles de Messmer, les médias ne se lassent pas de mettre en avant les qualités de cette méthode.

Passionné de son aspect thérapeutique et de son utilisation dans un cadre plus social, je me rends compte depuis quelques années qu'il y a **de nombreux problèmes** qui pointent le bout du nez.

En écrivant ce texte, je sais que je risque **le déni de notre communauté,** rejetant en bloc mes propos. Je partage dans ces quelques lignes ce que j'observe au travers de mes formations, de mes discussions, de mes conférences et des milliers de mails que de nombreux praticiens m'envoient.

Dans les pages qui vont suivre, je vais **proposer une critique de notre 'monde' hypnose.** Que ce soit les praticiens, les écoles, les sommités et notre acceptation passive que **'c'est comme ça depuis des années'** alors pourquoi cela devrait-il changer ?

Je souhaite que ces mots puissent **vous donner à réfléchir**, à voir les choses autrement, je ne prétends pas être dans le juste, sachant **que je m'inclus dans les travers de ce système.** Je vous offre une opinion de notre **'endormissement'.**

1- La définition de l'Hypnose

Quand je me suis intéressé à l'hypnose et suite à l'étude de la Programmation Neuro Linguistique (PNL), je me suis demandé **ce qu'était cette discipline.** Les ouvrages et même les professeurs que je croisais dans les salons, me définissaient cela comme **un état modifié de conscience.**

Aujourd'hui quand j'ai des apprenants, déjà hypnotistes, qui viennent à des séminaires, il m'arrive de leur demander la **définition de l'hypnose**. Bien sûr je retombe sur : un état modifié de conscience.

Quand je creuse en demandant plus de précisions, on me **propose des exemples** pour que je puisse avoir **un point de référence**... Super, mais une référence ou un exemple n'est pas une définition. Même le **Docteur Bioy** qui est un grand monsieur de l'hypnose médicale et responsable scientifique de l'IFH, dans son article : Qu'est-ce que l'hypnose (http://www.hypnose.fr/hypnose/definition-hypnose/) commence avec des exemples, pour revenir sur 'un état de conscience modifié'.

Admettons quelques instants cette définition (enfin ça fait des décennies qu'elle est admise) :

- **Qu'est-ce qu'un état non modifié de conscience ?**

La réponse classique est **un état de veille ordinaire**. En ce cas qu'est-ce qu'une veille ordinaire ?

Et si nous donnons des exemples comme les transes du quotidien, **quand est-ce que nous ne sommes pas dans une transe** ?

Si on dit qu'une **rêverie** est une transe du quotidien, que **lire un livre** est une transe du quotidien, **qu'être en voiture** ou dans le train est une transe du quotidien, **vivre une émotion** au travers d'un récit est une transe du quotidien… **quand est-ce que nous ne sommes pas dans les transes du quotidien ?**

Prenons un exemple :

Un travailleur se lève le matin, il fait ce qu'il a à faire : petit déjeuner, douche, s'habiller et partir. Cela n'est-il pas une **routine** ? N'est-ce donc pas **automatisé** ? N'est-ce pas une transe du quotidien ? Il va au boulot en voiture ou transport en commun… transe d'autoroute ou pas ? Arrive au boulot, salue ses collègues, prends sa clope et son café… transe du quotidien ou pas ? Travaille sur un PC ou sur des documents, répète les mêmes logiques, **les mêmes gestes tout en parlant à son collègue**… transe du quotidien ou pas ? Il prend son déjeuner chez Dédé tous les midis… et là alors, état de veille ordinaire ? Fait son après-midi comme sa matinée et rentre chez lui et a **toujours le même rituel**, de se déshabiller, douche et vêtements de repos, puis télévision pour voir ses émissions… ce n'est pas un état modifié de conscience cela ? Dans ce cas-là, **sommes-nous sans cesse en hypnose ?**

Dans cette merveilleuse définition**, on nous parle de conscience. Mais quelle est la définition du conscient**, celle de Freud ? Une autre ?

Plus préoccupant, on parle **de la magie de l'inconscient** (j'utiliserai subconscient dans la sémantique de ce livre), seulement ce **mot-là n'apparaît nulle part** dans la définition...

Intéressant donc d'avoir une discipline qui se dit **spécialiste du subconscient et qui utilise le conscient modifié comme source de travail**...

Et quand j'interroge sur cette logique sémantique, on me dit que je chipote. Pourtant, il semble **que le choix de la sémantique et l'impact des mots** sont des choses à prendre particulièrement en compte en Hypnose.

Donc quel est le lien **entre la conscience modifiée (ou pas d'ailleurs) et le subconscient ?** On n'en sait rien. Et pourquoi modifier le conscient pour avoir un rapport avec le subconscient ?

Si on ne définit pas correctement les choses, comment voulez-vous que les hypnotistes **puissent comprendre ce qu'ils font et reconnaître un partenaire sous hypnose ?** On ne parle pas d'hyper suggestibilité, on dit seulement qu'il n'est plus dans une dynamique 'normale'...

Combien d'hypnotistes pensent que la session se passe bien si le partenaire devient **tout mou**, s'il a du mal à parler, en mode zombie, avec, pour le besoin de se rassurer du praticien, une petite catalepsie ?

Combien sont en panique si le partenaire parle, éternue, bouge et le pire de tout... **ouvre les yeux...** ?

Comment est-il possible que la première chose que les hypnotistes donnent comme exemple soit celui de l'autoroute ou du cinéma, qui présentent des caractéristiques des transes actives et que **ce type de transe soit encore inconnu par des praticiens** ?

Pire, j'ai entendu dire que cela était **de l'hypnose de spectacle et que ce n'est pas ça la thérapie…** dans ce cas c'est un **problème de compréhension** de notre discipline par **ses propres utilisateurs**.

Penser **que les transes de spectacle et les transes thérapeutiques ne sont pas dans les mêmes registres**, c'est comme dire que le football et le foot en salle sont complètement opposés, que l'un ne doit pas interférer avec l'autre… **C'est stupide.**

Pour ceux qui demanderaient, « et toi qui ouvre ta bouche, tu n'as qu'à nous définir l'hypnose », je vous donne ma définition qui a évolué et qui, je pense, continuera à changer. Pour l'heure la voici :

L'hypnose est **une discipline** qui utilise **la transe** comme outil pour obtenir une meilleure communication entre le conscient et le subconscient (Transe équilibrée) et qui permet une **hyper suggestibilité** du partenaire. Pour y parvenir, il faut **contourner le facteur critique**.

Transe : C'est la Communication entre Conscient et Subconscient qui offre une hyper focalisation.

Conscient : Ce sont la Mémoire court terme, la volonté, la logique et l'analyse.

Subconscient : Ce sont mémoire long terme, les Emotions, les Patterns, la Partie fainéante, les valeurs et les croyances.

Facteur critique : C'est le Sas d'administration qui a trois fonctions

- Valider une information extérieure vers le subconscient
- Invalider une information extérieure vers le subconscient
- Stocker de façon éphémère l'information pour voir s'il faut la rejeter ou la valider (d'où l'importance du seeding)

Il est intéressant dès lors de définir non pas l'hypnose, **mais le type de transe qui existe**, donc **la transe hypnotique thérapeutique est différente de la transe hypnotique de scène,** non pas dans la forme, **mais dans l'objectif.**

Il y a de nombreuses transes, avec **des objectifs différents et donc une exploitation possible spécifique.** La transe chamanique dans son orientation est différente de celle utilisée dans un travail en hypnose, ou une transe d'autoroute sera différente de la transe de sport.

Le Dr Chambon avec ses travaux sur l'EMDR et le chamanisme, le confirme.

En ouvrant la définition, en permettant que les différents éléments ne soient plus confusionnants, mais juste des possibilités **d'une palette de compréhension**, nous ouvririons aux praticiens autant qu'aux patients, une vraie connaissance et une acceptation de la **transe qu'il est 'capable' de vivre à un moment T lors de la session.**

La différence entre une transe du quotidien et une transe hypnotique thérapeutique est l'acceptation **qu'un autre que soi, oriente la session dans un objectif de mieux être.**

2- Reconnaître les Transes

Combien de **praticiens ne sont pas capables de reconnaître une transe ?** Combien se **demandent si eux-mêmes ont déjà été en transe ?** Comment se peut-il qu'après des formations que ce **soit en école privée, en DU ou dans les écoles médicales,** autant de praticiens, n'ont **jamais eu l'impression de vivre une session d'hypnose ?**

Nous acceptons cela, nous, des spécialistes qui allons guider des partenaires dans des lieux que nous ne connaissons pas ? Comment pouvez-vous **dès lors juger ou plutôt jauger que le patient** est dans une transe et surtout une transe ouverte à vos suggestions et pas dans une transe d'évitement si en tant que praticien vous ne définissez pas les vôtres ?

La théorie ? Les souffles qui changent, la difficulté de parler, la déglutition, la couleur de peau... **quelle connerie...** il faut arrêter de se moquer du monde.

Comment expliquez-vous qu'en hypnose de rue ou sur scène, les gens crient, sautent, rient, parlent, peuvent faire des pompes, des abdos etc... **Ne sont-ils pas sous hypnose ?** Peut-être que c'est du cinéma ?

Un praticien d'hypnose qui ne sait pas reconnaître une transe devrait simplement arrêter l'hypnose. C'est comme si on était mécanicien et que nous n'étions pas capables de reconnaître un carburateur d'une courroie de distribution. La faute à qui ?

A la définition, certes, mais pas que... plutôt **aux formations...**

Imaginez-vous que j'ai eu **un professeur qui me disait ne pas être hypnotisable**... et moi jeune apprenant naïf j'ai acheté cette idée... Mais avec le temps je me suis posé des questions et l'une d'elle était : **il me prend pour un con ?** ou il est vraiment persuadé de ne pas être hypnotisable et dans ce cas, **il ne comprend pas ce qu'il enseigne** ? Sincèrement pour le bien des apprenants, je préfère qu'il nous prenne pour des idiots...

Pour aller plus loin, quand il y a quelques années, j'ai vu **les spécialistes médicaux** expliquer qu'il est **impossible que le patient ne revienne pas quand le praticien fait ses suggestions d'émerge**. Il y a un vrai questionnement à avoir sur la curiosité des **'grands' de nos disciplines pour compléter leur savoir.**

On peut débattre sur les profondeurs de transe, on peut débattre sur l'élargissement de conscience (tiens là aussi on met le subconscient de côté), cependant **l'état Esdaile est reproductible**, il est assez spécifique pour **être reconnu** et on sait qu'il y a un émerge difficile, voire très long. Une méconnaissance d'éléments **pourtant avérés depuis le 19e** siècle, et donc publiés et enseignés dans les écoles, interroge sur la capacité des pontes **à reconnaître eux-mêmes certains états.**

L'hypnose est un état modifié de conscience, **comment la reconnaître** et pourquoi penser que cette **modification se passe par la détente de notre corps et de notre esprit. Si vous ne sentez pas de différences** avec ce que vous vivez dans le quotidien, êtes-vous en transe ?

Autant les patients que les hypnotistes sont dans des **attentes excessives de l'expérience.**

Vous lisez ce pamphlet et vous êtes en transe, le saviez-vous ? Le remarquiez-vous ? Si ce n'est pas le cas, c'est que vous **devez avoir des croyances gentiment diluées par nos écoles comme quoi, il doit se passer un truc de dingue.** Et non, c'est pour cela que l'on dit **que c'est naturel.** Pourtant, combien de fois avez-vous répété cela à vos patients sans même être conscient que **c'est naturel et quotidien,** donc pas nécessairement **différent de ce qui est vécu sans arrêt** ?

Même les hypnotistes formés sont en **attente d'un quelque chose de différent.** C'est incroyable le nombre de fois où j'ai eu des professionnels qui venaient me voir pour que je leur **fasse une induction instantanée ou un niveau somnambulique** et avec le retour du type, « **mais ça je connais ça ne change rien, t'es sûr que ça a marché ?** »

Il y a donc plusieurs choses, **ils ne comprennent pas ce qu'est une transe et ils ne comprennent pas ce qu'est une induction.** La faute à qui ? **Les écoles,** qui à force de faire du **seeding pour leurs futurs séminaires** ou à faire croire aux apprenants qu'ils peuvent **tout faire en mode toute puissance,** se tapent royalement de savoir s'ils forment de bons praticiens.

3- Les Ecoles et les Formations

Voilà le nœud du problème actuel. Et je sais que là, **je ne vais pas me faire des amis.** Mais soyons clair, la majorité des écoles **ne cherche pas à former, mais à faire du fric.** Oui c'est dérangeant, surtout quand on sort de ces écoles. **Et là, le super seeding, va s'enclencher, mêlé à la notion de congruence, voire même de réciprocité sur ce qui a été vécu d'extraordinaire aux stages pour sortir les griffes et...** entrer *dans une transe de colère, rébellion, mépris et autres.*

Il est difficile de dire que lorsqu'on a payé 5000€, passé du temps et évoluer sur soi, nous avons juste payé une **entreprise de services** qui nous enseigne un programme **prédigéré et jamais adapté à ce que nous sommes.**

Normal, avec entre **20 et 80 élèves par sessions**, il est difficile de **donner de la qualité.** Un peu comme ce prof de fac devant son amphithéâtre qui dit que tout est dans son bouquin.

Posez-vous la question, souhaiteriez-vous que vos enfants aillent dans **des écoles avec un mois de formation pour 5000€,** classe qui ne répond pas aux questions (à 80 ça risque de faire perdre du temps), **ne corrige pas les exercices** et donne les réponses si éventuellement, il y a un examen la semaine d'après ? Nous avons entendu pendant des décennies qu'il était **impossible aux professeurs de faire cours dans des classes de 25-30 élèves,** mais là, pour une formation professionnalisante ça ne pose aucun problème ?

Alors, on me répond souvent, « **mais nous, on avait des superviseurs … »**.

J'ai eu dans mes élèves des superviseurs de ces écoles qui m'expliquaient qu'ils venaient de finir leurs cycles de formation et qui répondaient à certains critères, donc qu'ils étaient invités **à 'superviser' les nouveaux… deux mois après**.

C'est comme si **un puceau vous surveillait la première fois où vous faites l'amour, et en vous corrigeant**… Admettons même l'idée que vous ayez des seniors, des gars d'expérience, 3 superviseurs maximum pour 30 à 80 apprenants, **ça fait un ratio ridicule**. Donc autant dire **que la correction ou la valeur ajoutée est proche de zéro**.

Le plus drôle, c'est de voir ces professeurs qui décident que la demi-heure d'exercice est pour eux **une demi-heure de café clope avec les autres profs**… Est-ce normal de laisser des débutants, travailler sur eux avec **des problématiques de leurs psychés… ?**

Ah non, la consigne est de **ne pas prendre de problèmes profonds ou pire faire des jeux de rôles**… Donc on forme sur des expectatives… **comment croire que ça marche ?** Comment savoir si ce n'est pas juste un rôle ? Comment reconnaitre sa transe et l'avantage thérapeutique de son exploitation **si tout n'est que mensonge et illusion** ?

Et puis, quelle **chance : un débutant observe le binôme de débutants** pour bien voir si les consignes et la manière de faire est juste. **En somme du compagnonnage… avec trois apprentis, le maître absent…**

Ça ne vous choque pas pour un apprentissage ? Posez ce postulat à n'importe qui, il vous dira que c'est n'importe quoi, **voulez-vous tester ?**

Accepteriez-vous que les plans de l'apprenti en architecture **soient vérifiés par un autre apprenti** qui sera lui-même le prochain à être noté et corrigé par celui qu'il aura **peut-être torpillé pour ses erreurs** ? Avec ces formations, nous **laissons les fondations d'une thérapie psychique** ainsi... rassurant n'est-ce pas ?

Pas d'inquiétude**, tout le monde aura son certificat**, il ne faudrait pas **vexer le client consommateur.** Mais dans le package, vous allez avoir **une boite à outils**, pré-installée, comme les applications de votre téléphone.

Comme les instituts sont basés 'thérapies axées solutions' et **qu'on nous explique bien que le POURQUOI n'a pas d'intérêt,** on donne **un package « comment ».** Donc on ne comprend pas l'hypnose, ni pourquoi ça marche comme ceci ou cela, mais on sait **comment faire pour que ça puisse « donner des résultats ».**

On offre **des scripts ou une to-do list** aux futurs praticiens qui passeront une partie de leur vie à **en chercher d'autres** plutôt que de **se pencher vers le monstrueux psychanalytique : pourquoi** ?

Donc on a des formations qui **offrent des explications basiques,** basées sur des protocoles parfois même à trous, pour, selon les dires, **s'adapter au partenaire.**

Pourtant, même si **cette méthode est simple, elle est pleine de complexités** et peut-être faudrait-il accepter cette idée que **tout le monde ne peut pas devenir praticien d'Hypnose.** C'est moins rentable d'un point de vue business, mais plus sincère pour les futurs partenaires.

Tout le **monde ne parvient pas au bac ou à un master,** chaque discipline et spécialisation a des contraintes, des difficultés, des freins possibles. Il y a **un écrémage naturel**, avec des **réorientations de nombreux élèves et** cela semble 'normal' et accepté dans la scolarité. Pourtant, dans un travail d'aide à la personne, **tout le monde peut prétendre devenir expert**, sans avoir démontré des compétences théoriques et pratiques réelles**, est-ce cohérent ?**

Bien sûr faire **des suivis et des examens réels,** théoriques et pratiques demande du temps et cela devient dès lors moins rentable, parce que moins de demandes, de peur de l'échec.

Les écoles privées cherchent l'argent et la satisfaction clients, ce n'est pas une formation, mais un enseignement scolaire plutôt théorique. **Combien d'apprenants vont recevoir de vrais patients avant la fin de leurs formations ?** Tous les travaux pratiques effectués se font sur des co-apprenants ne vivant pas vraiment ni une session, ni une découverte de soi.

C'est comme si **en BTS commerce**, les élèves travaillaient sur des **actions commerciales inventées** plutôt que de plonger dans la réalité des vraies entreprises.

Les apprenants rétorquent **qu'ils ne connaissent pas assez pour recevoir des patients.** Pourtant, le bout de papier qui sert de certificat, ne changera rien, on peut être le meilleur théoricien du monde, rien ne vaut la pratique, de plus, on aura toujours l'impression de ne jamais assez connaître. Ce n'est pas parce **que vous avez vu tous les matchs de championnats du monde de boxe** que vous êtes capables de croiser les gants avec un amateur.

De plus, dans le cas des élèves de BTS, eux non plus ne sont pas diplômés et **pourtant ils vont vivre la réalité du terrain.** Et s'il y a des erreurs faites, le professeur soutient, aide et corrige. **A quand de vraies formations et pas une simple illusion de la pratique ?**

La volonté de **créer un DU est bonne,** mais elle est aussi illusoire que le mois de formation des écoles. Les psychiatres et les médecins que j'ai eu pendant les séminaires, me disaient **ne rien apprendre de plus que dans un livre** et qu'il n'y a **pas de réelle pratique.** De plus, pour de nombreux médecins, *la posture de thérapeute en hypnose, une posture réelle d'écoute et non pas une posture haute de donneur de solutions comme des médicaments, ne s'apprend pas en quelques cours.* C'est une transe tellement imprégnée dans les professions d'aide, qu'être un acteur de l'écoute demandera des mois, voire des années d'expérience.

4. L'écoute

En hypnose, on a l'impression **que le seul qui parle c'est le praticien**. Une fois l'anamnèse expédiée et la problématique définie, c'est parti pour **un beau monologue** de la part de l'expert du subconscient.

Comment se fait-il que nous ne fassions pas plus attention **aux mots/maux du subconscient** ? Comment se fait-il que dans la grande majorité des formations d'hypnose, **il n'y ait pas d'écoute de ce qui se passe pendant la session** ?

Que se passerait-il si le partenaire **n'aimait pas votre métaphore ou ne suivait pas le script**, ou le processus des sessions tel qu'on vous l'a enseigné ? Est-ce que son refus, son désaccord de ne pas voir, ressentir ou imaginer fera de lui **un partenaire qui ne part pas 'en hypnose'** ?

On parle de l'hypnose comme d'une discipline permissive. Mais plus les années passent, plus je regarde de sessions, plus j'en pratique, plus je lis, plus je m'interroge et plus je me dis que nous **n'écoutons pas le subconscient, ses signes, ses gestes, ses cris et ses mots.**

J'ai l'impression que nous sommes particulièrement violents et impératifs avec cette illusion du choix de l'indirect.

Nous sommes tellement dans le refus de l'écoute que l'un des **outils de base est la dissociation simple ou double de l'émotion dissonante.**

Certaines écoles vont même jusqu'à dire qu'il y a échec de la session d'hypnose thérapeutique s'il **y a une catharsis ou une abréaction**. Comment pouvons-nous *tellement rejeter l'écoute de ces larmes, de cette tristesse, de ces angoisses, en somme de ces mal-êtres profonds qui décident enfin de s'exprimer librement* ?

Ne sommes-nous pas capables d'écouter et d'accueillir ? Sommes-nous si mal formés que nous repoussons ce que vit l'autre par malaise ? J'ai eu des professeurs qui, quand un partenaire partait en pleurs **suggérait que les larmes s'arrêtent et qu'il se sente mieux**. Ils allaient même jusqu'à émerger pour que le patient aille boire un verre d'eau !

Pourquoi ne pas exploiter cela **comme une chance** que notre partenaire nous fasse autant confiance dans le cadre de la thérapie pour la gérer et la vivre autrement ?

L'hypnose dans ces façons de faire semblent être une **discipline toute douce** dans laquelle nous cherchons à **désensibiliser les maux de notre partenaire**. C'est un peu comme si vous vous étiez coupé profondément sur plusieurs centimètres et que le chirurgien, v**ous fasse une anesthésie et vous laisse repartir**, maintenant que vous êtes désensibilisé, plus besoin de pleurer, de souffrir et d'avoir mal... Vous n'avez pas l'impression qu'il manquerait quelque chose ?

Et j'ai été le premier **à penser qu'il fallait finir la session dans des conditions positives**, pour moi l'hypnose devait permettre de mettre la personne bien, même après une session qui secoue.

Mais, c'est là **encore une peur du praticien**, une **incompréhension de ce qu'est le cadre thérapeutique** d'un point de vue psycho et du **transfert** du patient sur son thérapeute. Laissez un partenaire mal, f**ait partie aussi de sa thérapie** et est une phase pour le subconscient de faire **émerger des choses**, certainement utiles pour la suite.

Nous serions donc une discipline qui ne sert qu'à faire taire les maux, les larmes, la douleur et les malaises, en les envoyant encore plus loin, en les mettant à distance. Ça ne vous rappelle pas ce que **nous faisons naturellement avec le refoulement ?**

Donc lorsqu'on a une mémoire traumatique, on peut l'oublier complètement et **pourtant les pathos sont présents**. La preuve que désensibiliser ou mettre à distance ne sert pas sur le long terme.

Dans une situation d'urgence, je ne suis pas contre, au contraire, mais sur une thérapie et donc pas seulement sur des **sessions à visées thérapeutiques**, cela ne vous semble-t-il pas une **démarche limitée** ?

Nous avons un bel exemple de la puissance de la **désensibilisation et des conséquences possibles à long terme**. Le docteur Servan Schreiber a réussi à se 'soigner' avec la transe de l'EMDR, mais est mort de la même problématique. A force de partir dans la désensibilisation, ne nous dirigeons nous pas vers du déni, et donc dans une **incapacité d'entendre en plus de celle d'écouter ?**

Et dans ce cas-là est-ce que le praticien est capable aussi de s'écouter et donc d'être plus en lien avec son subconscient, en somme de maitriser ses transes thérapeutiques ?

5. Le travail thérapeutique personnel des Praticiens

Quand j'entends le Docteur Aim, qui veut que **l'hypnose d'aide ne soit pratiquée que par des professionnels du monde médical,** je peux comprendre son discours, certes réducteur, mais qui pourrait avoir du sens. Seulement, quand il soutient que la thérapie du praticien n'est pas une nécessité, et il n'est pas le seul à soutenir cela, il décrédibilise son discours et se met donc au même niveau **que la majorité des praticiens qui n'ont jamais travaillé** sur eux et qui souhaitent soutenir et « aider » des patients.

Je suivais des thérapies diverses mais c'est clairement grâce à un ami qui m'a conseillé de partir **vers des thérapies plus analytiques,** pour aller encore plus en profondeur sur soi, que j'ai compris qu'effectivement, c'est une démarche importante à mettre en place en tant que praticien.

Je ne parle pas de supervision des problématiques rencontrées avec ses patients, mais réellement de **creuser sur soi. Se comprendre, se découvrir, s'accepter dans ses ombres et ses lumières.** C'est *chiant, douloureux, moche, long...* Oui long, ce n'est pas faire de l'EFT, de l'EMDR, du REIKI ou de l'hypnose basée solution, c'est creuser des 'pourquoi', comprendre des mécanismes. Et quand on travaille sur soi au quotidien et avec un praticien, on se rend alors compte qu'on ne gère pas tout avec quelques **exploitations** de transes hypnotiques. Et qu'il faut prendre du temps, pour gérer des choses qui reviennent en boucle (patterns) depuis l'enfance.

A force **de tout gérer avec des 'comment' et des objectifs**, on s'éloigne de nous-mêmes, on se dit être bien dans nos comportements, mais **nous nions ce qui était exprimé par nos malaises.**

Quel intérêt de réparer une chose si on ne connait pas son utilité, ce qu'elle apporte et offre comme informations. Mais pour cela, il faut descendre de son illusion de "tout est bon pour moi, je suis au top, toujours et à chaque instant", il faut **aller se regarder dans un miroir, plutôt que de chercher le miroir qui nous mettra le mieux en valeur.**

En somme pour un médecin, un thérapeute, un praticien, **c'est descendre de son piédestal**, de sa prétention, de son égo surdimensionné et se dire que **nous ne sommes pas mieux** que les autres et surtout que nos partenaires. **Nous ne sommes pas un titre**, nous sommes des hommes et des femmes avec des faiblesses et des forces.

C'est comprendre ce que c'est *d'avoir peur de plonger, d'avoir mal, de sentir nos émotions remonter sans contrôle, c'est perdre ses bases, ses croyances, et sortir de la grotte, oser se brûler les yeux de nos ombres à la lumière.*

De plus, pour notre partenaire **c'est le respecter.** Ne pas **se guérir en l'aidant,** ne pas l'oublier dans notre incapacité de l'entendre mais l'orienter vers **SA solution** et pas LA solution (la nôtre en l'occurrence).

Je suis conscient **d'être plein de pathos** et je suis interloqué du nombre de praticiens qui ne voient même pas les leurs même quand ils sont devant leurs yeux. Et vous souhaitez que ces personnes s'occupent de patients ?

Combien de formations d'hypnose **vous imposent des thérapies ?** Combien de fois ai-je entendu, pourquoi veux-tu que je fasse une thérapie, moi tout va bien ?

Alors, pourquoi avez-vous choisi l'hypnose ? L'outil qui a l'image la plus **manipulatrice** qui existe ? Un outil qui **va vite** ? Un outil « **magique** » ?

Ne voulez-vous pas être **tout puissant** ? Ne devenez-vous pas des sauveurs ? Et votre compensation à votre **sentiment d'infériorité**, ça donne quoi ?

Certaines écoles **demandent des mémoires** sur des techniques ou des logiques que les apprenants n'ont même pas pu mettre en pratique, sur des suppositions ou sur les dix patients qu'ils ont eu dans leurs vies. Les mémoires sont passionnants et reviennent toujours sur des études, des théories, des références, mais rien d'eux, sur eux.

Pourquoi le thème majeur est mis de côté. *Pourquoi vis-à-vis de votre vie, de vos problématiques, de vos freins, de vos peurs, de vos capacités et de vos limites, vous avez décidé de devenir un professionnel de l'aide à la personne et pourquoi parmi toutes les disciplines, avez-vous choisi l'hypnose et pas d'autres psycho-pratiques ?*

Nous découvririons l'Homme derrière l'image, celui avec ses ombres et ses lumières, pas celui qui a compris ou recopié un bouquin et des données sur internet mais, celui qui a commencé à **ouvrir les portes de son subconscient**, de son histoire, de sa vie. **Celui qui ne présentera pas un masque mais celui qui osera être Lui.**

Et prenons le cas qui fait tellement peur à mes confrères hypnotistes. **Les médecins qui ont décidé de reprendre la pratique de l'hypnose** et de faire comprendre au public ainsi qu'aux médias que nous sommes des imposteurs.

Certes, comme je l'explique dans cet essai, je pense qu'il y a **beaucoup de choses à remettre à plat**, notamment cette envie **de faire du chiffre** dans tout ce qui est proposé. Seulement, d'un point de vue purement pratique, comprendre et faire de l'hypnose, techniquement c'est simple.

Mais *la posture de praticien, la connaissance de soi, ne se fera pas pendant les études ni des aides-soignants, ni des infirmiers, ni même celles des médecins.* Quel travail sur eux ont-ils fait ? Est-ce qu'ils se sont interrogés sur eux, sur leurs maux et le pourquoi de leur profession à part 'aider les autres' ?

Ces différentes professions ont **de nombreuses qualités**, mais malheureusement, **elles ne prennent pas le temps** pour leurs patients. Nous le savons, ils s'en plaignent même. Les hôpitaux et les cliniques doivent également faire du chiffre.

Pour les professions libérales, les médecins généralistes passent moins de **10 minutes par patient** dans les grandes villes, les infirmières et aides-soignantes, elles peuvent prendre un peu plus de temps, mais elles doivent vivre donc elles ont tout de même des emplois du temps serrés et leurs tarifs ne sont pas ceux d'un hypnotiste ou d'un ostéopathe.

Alors qu'en est-il de la posture ? Dans un chapitre précédent, je vous disais **qu'il est difficile de changer de posture**. Quand pendant des années, le travail était de donner les médicaments, de dire quoi faire, quand le faire, de mettre le partenaire dans **une posture d'enfant.**

Changer et apprendre à écouter, à ne pas conseiller, permettre au patient de trouver des ressources, est un tout autre processus. C'est un autre travail et en aucun cas ces professions ont un avantage sur les néophytes de la discipline. Comme nous le savons, il **est plus difficile de désapprendre que d'apprendre.**

Rester une heure avec un patient, être ouvert à son monde, ses croyances, **se faire déranger dans sa petite vie pleine de certitudes, de valeurs et de croyances à chaque session** et avec chaque nouveau partenaire, c'est autre chose que de se poser comme figure d'autorité.

6. La différence entre hypnose médicale et hypnose thérapeutique (Curative)

C'est quoi ce titre encore ? Tu vas me dire que les médecins ne font pas de l'hypnose thérapeutique. Bien sûr que oui, mais pour être plus clair je préfère mettre une différence, **d'ailleurs le monde médical met en avant 'sa' forme d'hypnose**.

J'ai eu du mal à comprendre pourquoi l'hypnose symptomatique était **la seule facette de l'hypnose qui était vendue dans nos écoles et nos formations**. Elle est vendue comme la recette miracle, pour la cigarette, le poids, les tocs, le sommeil...

En fait avec les années, je me suis rendu compte que nous étions **dans le même profil que le donneur de potions magiques.** L'hypnose thérapeutique n'est pas un 'produit' de guérison, c'est un travail de soutien pour les patients, qui avec les années s'est réduit **à une posologie de scripts et de recettes magiques.**

Et c'est là où j'ai compris que cette façon d'aborder l'hypnose, en mode patch, rapide, avec **le minimum d'interaction allait parfaitement au monde médical**. On revient au médecin qui donne son diagnostic et les médicaments à administrer. **L'hypnose médicale est une hypnose médicamenteuse**. On veut vite analgésier, vite calmer une crise d'angoisse, vite réhabiliter le patient pour qu'il sorte. En somme, on reste dans la pure médecine classique.

C'est un super moyen de **réintégrer une discipline complémentaire comme une partie de la 'médecine moderne '**, n'est-ce pas ?

Mais alors les hypnotistes formés **à cette hypnose symptomatique en 3-5 séances,** ne risquent-ils pas d'être jugés *pour « exercice illégal de la médecine moderne » ?*

Comment allez-vous *marquer la différence entre cette hypnose médicamenteuse et cette hypnose symptomatique ?* La peur qui a fait monter un syndicat d'hypnose, bientôt une chambre, est peut-être mal orientée. N'est-ce pas nous-mêmes avec des formations bancales (tout autant que l'hypnose médicale), **des validations de toutes personnes qui paient leur formation, des spécialistes de la projection et du script qui allons enterrer notre profession ?** Quelle valeur ajoutée allons-nous présenter aux patients ? De plus, nous faisons des **sessions non remboursées par la sécurité sociale** entre 50 et 100€ alors qu'eux, avec un dépassement d'honoraire, vont faire payer 30 ou 40 €.

Un point rassurant, c'est de se dire que les médecins passeront réellement 45-60 minutes avec leurs patients, ce qui reviendra à un gain de 60 € alors que s'ils avaient vu six patients à 10 min (les généralistes en ville), ils auraient fait 120€. Une fois de plus **l'argent risque d'être le nerf de la guerre.**

Les hypnotistes thérapeutiques ont senti le vent tourner il y a 3-4 ans et **un syndicat** a été mis en place pour représenter la profession. **L'idée est vraiment excellente, seulement la mise en pratique est plus complexe.**

Quant à peine 24 heures après une déclaration ministérielle qui met en avant le **danger 'sectaire' de l'anneau gastrique hypnotique,** le dit syndicat ne se bat pas pour au moins avoir un droit de réponse, il va jusqu'à retirer, chez certains hypnotistes qui proposent cette technique, la mention de cette spécialité (ref : Mr Ph A). Est-ce que défendre les 'droits' des hypnotistes revient à **nier certaines pratiques ?**

Il semble qu'il faille **se sécuriser** le plus possible, comme si, avant même de pratiquer, nous étions déjà des hors-la-loi. Mais en hypnose n'est-ce pas **la sécurité** qui prévaut quoi qu'il arrive ?

7. L'hypnose, cet outil sécurisant pour le... Praticien

Pourquoi donner un certificat à tout le monde, parce que **l'hypnose package solutions ne met pas en danger le partenaire et encore moins le praticien, compétent ou pas.**

Au pire si **ça ne marche pas**, c'est le subconscient qui n'était pas prêt au changement. Quand on étudie la façon dont est proposée notre discipline, **on ne se met jamais en danger** de refus, d'avoir des patients qui partent en vrille, d'ailleurs on ne prend pas certains pathos parce qu'on ne pourrait pas les gérer avec l'hypnose.

C'est **d'ailleurs une des jolies hypocrisies actuelles**, la mise en avant des **psychopathologies** comme un outil que les hypnotistes doivent connaître.

C'est passionnant et clairement un élément **qui doit faire partie de la culture du praticien.** Mais si un psychotique est dans le cabinet, nous n'avons aucun **droit de diagnostiquer, nous n'avons aucune valeur d'autorité** et ce ne sont pas les quelques stages et bouquins qui font de nous des spécialistes. Donc il y a peu de chance que ça serve à quoi que ce soit.

Quand on se rend compte qu'il est psychotique et qu'il est dans sa transe fermée, **on fait quoi** ? On appelle les secours ? Tout cela n'empêche rien et ne protège pas le praticien.

Par contre, dans **son ouverture 'obligatoire' à la psychologie** c'est très bien. La connaissance de la psycho pathos n'a pas sauvé un psychologue des coups de couteaux de son patient.

Là encore un peu d'humilité, cette connaissance sur le terrain, à moins d'être particulièrement doué, **ne nous empêchera pas de commencer le processus de session**. Et si ça se passe mal de remercier et d'arrêter la thérapie de notre partenaire.

Comme me disait des amis psychiatres, les plus psychotiques **ont déjà été détectés et souvent sont enfermés**. Après, l'expérience nous fait savoir en cinq minutes au téléphone si on prend ou pas un partenaire.

Et **pourquoi la psychopathologie est plus importante** que l'étude du stade du développement freudien, ou des symboliques jungiennes ? Sans nécessairement avoir besoin de connaître toute la psychologie, **ouvrir quelques livres et comprendre des logiques de bases de la psyché** ne vous semble-t-il pas un élément indispensable à tout hypnotiste ?

Tout donc nous sécurise, nous, praticiens. On définit notre discipline avec un langage incompréhensible (cf Chap 1), puis nous restons dans les éléments superficiels de notre partenaire, comme **nous n'avons jamais appris à questionner et à écouter,** plus nous avons **des éléments qui valident un processus ou un protocole avec les thèmes clefs**, plus ça nous arrange. Je me souviens d'un des cours que j'ai suivi où le professeur nous **présentait une roue avec les différentes valeurs** clefs et les travaux à mettre en place pour chaque problématique.

Un peu comme si vous aviez **lu les 5 blessures de Bourbeau** et que vous mettiez en place la méthode prédéfinie à appliquer sur chaque cas, comme une réponse universelle.

Le plus cynique dans l'histoire c'est que ce professeur estimait que c'était tellement la solution universelle qu'il ne nous a jamais envoyé le fichier alors que les demandes et relances ont été nombreuses. **Je n'ai pas payé assez cher.**

Une fois que notre partenaire est **soit dans nos cases, soit dans celles de la session,** parce que, attention dans certaines écoles, la régression, il ne faut la faire qu'à partir de la 4e session, trop puissant l'outil…, nous pouvons commencer **la technique magique de l'hypnose…**

A ce moment-là, nous savons ce qu'il aime ou pas, un peu son problème et sa vie mais surtout **nous avons les SCRIPTS ou le dictionnaire des protocoles de Aich** (qui a fait un excellent boulot de synthèse), voir **le Hammond** que certains lisent religieusement… Bref c'est cool, il n'y aura **que peu de choses venant du praticien**, les **métaphores sont en stock et quasiment toujours les mêmes, idem pour les confusions,** bref notre cartable d'écolier hypnotique est prêt à être ouvert.

Là encore ça ne choque personne que des professionnels Maîtres Praticiens, parce que oui, **on ne blague pas avec les titres,** aient besoin de supports, ou des éléments appris par cœur pour leurs sessions.

Surtout que si notre job n'était que cela **autant ne pas suivre de formation.**

On lit deux bouquins de PnL, on capte le mirroring et c'est parti pour le lead et **le tout, les yeux fermés,** parce que oui, il faut que le patient ferme les yeux, sinon **comment on va faire pour lire son bouquin** ? Vous ne pensez pas que n'importe qui pourrait le faire sans la moindre formation ? Sachant que les scripts inductifs existent également ?

C'est quoi à ce moment-là, l'avantage de nos formations ? Nous ne sommes pas corrigés, on nous enseigne ce qu'on trouve dans les livres ou sur le net et ce qui change **tout c'est le papier à la fin**, qu'on peut aujourd'hui acheter sur groupon à 60€.

Certaines écoles que j'ai côtoyées ou faites, nous faisaient croire à nous, pauvres apprenants, **que l'hypnose est tellement précise que tout est au mot prêt.** Imaginez-vous **la flexibilité** et la capacité d'adaptation que ça laisse aux apprenants ?

Nous avons donc un partenaire, les yeux fermés, nous ratifions tout ce qu'il fait dans son langage corporel, comme des possibilités d'approfondir la transe, **sans jamais l'interroger.** Il ne manquerait plus **qu'on sache ce qu'il se passe** pour avoir à trouver une solution immédiate !! Vade retro !! Projetant que la petite larme est une belle chose, suggérant qu'elle cesse ou continuant **simplement notre récit métaphorique.**

Quelle est la différence avec un audio ? Oui quelques mots personnalisés, mais globalement qu'est-ce **qu'une session comme cela apporte de plus qu'un enregistrement ?**

L'avantage de l'enregistrement c'est qu'il peut être écouté quotidiennement autant de fois que le partenaire le souhaite, et le script du cabinet et la transe passive, c'est quoi l'avantage ? **C'est la sécurité du praticien...**

Et puis, au cas où, pour **d'obscures raisons,** le conscient risque de tout faire saboter, il est conseillé de **faire oublier ce qui n'est pas utile de la session.** C'est bien, ça nous permet de n'avoir **aucun retour négatif ou une** écoute de ce **que le subconscient a dit pendant la session.**

Apparemment, ça ne fait pas parti du boulot de l'hypnotiste. Si le subconscient **peut garder silencieuses les choses et puis que le conscient soit certain de l'oublier c'est mieux...** Effectivement dans ce cas-là on **modifie la conscience qui avait peut-être** ce besoin de conscientiser ou au moins de mentaliser.

A quel moment l'hypnotiste s'intéresse à son partenaire, à part pour le paiement de fin de session. Comme il a été dit par certains grands que **le subconscient sait ce qu'il lui faut,** ça nous laisse un niveau de responsabilité assez bas.

 Pourquoi n'avons-nous pas entendu aussi qu'une autre partie de la communauté estimait **le subconscient comme un enfant de 3-5 ans ?** Vous savez plein de Ça... pas forcément bien géré par le Surmoi ?

Il y a de plus en plus de discours comme celui de Brosseau qui dit **qu'il ne faut rien faire** (Roustang a un peu la même vision).

Ils oublient qu'ils sont **des figures d'autorité, des personnes reconnues, des objets de transfert puissants** et donc potentiellement exploitable comme tels. Mais Marcel qui commence et qui n'a pas encore de carte de visite et qui hésite dans ses mots, la voix tremblante et les yeux fixant le sol, **je ne suis pas certain qu'il puisse ne rien faire**... Et si on me parle de présence, j'adhère sauf que cette présence thérapeutique, elle demande des années d'expérience... Pour le staff médical, **parfois la blouse blanche compense l'incompétence technique** et c'est tant mieux.

8. L'hypnose demande du temps

L'hypnose attire de nombreuses personnes qui **souhaitent quitter leur travail et faire une activité lucrative** qui pourrait répondre à des besoins plus profonds. Pourquoi l'hypnose ? simplement parce que **les formations sont courtes** et que les calculs de bénéfices semblent assez simples.

Beaucoup me disent que **c'est vraiment l'hypnose qui les passionne**. Quand j'ai fait une expérience avec des personnes qui cherchaient des formations, le fait de dire que j'en propose qui durent sur deux ou trois ans, pour avoir un temps de maturation minimum sur ce qui est enseigné, puis appliqué, la réponse a toujours été la même : **mais il y a des écoles qui font cela entre une semaine et un mois., pourquoi faire plus ?**

J'étais de ceux qui pensaient que l'on pouvait former des praticiens en 10-15 jours. L'expérience me montre que l'on peut enseigner à hypnotiser et connaître les processus les **plus communs et les plus demandés en cinq jours**. Il y a même des néophytes qui en **trois heures d'hypnose urbaine, hypnotisent mieux que des professionnels** de la discipline en place depuis des dizaines d'années. Je me répète mais l'hypnose c'est simple. Mais devenir thérapeute est beaucoup plus complexe et long.

Il y a de nombreux éléments à étudier, tester, corriger, bien sûr techniquement, mais sur nous, **nos compréhensions du cadre, les attitudes dans cette profession.**

On ne devient pas un ami, *un confident, un coach, un sage, un sauveur… on ne reste qu'un professionnel acceptant d'être haï, aimé, critiqué, interprété, utilisé, manipulé etc…*

Tout ce qui se passe est normal, mais *jamais personnel*, jamais en rapport avec qui nous sommes véritablement, nous ne sommes que **le réceptacle de la projection** de notre partenaire et donc une illusion pour lui.

Etre capable d'accepter cela, de **ne pas avoir à se justifier**, à **devoir réussir** coûte que coûte, à **respecter le chemin** et les freins de l'autre quand on pense encore **que c'est la formule magique à tout, est difficile à intégrer.** Sortir du mythe que nous sommes, comme notre partenaire, des êtres sans limite, **c'est long et c'est parfois décevant.**

On pourra me reprendre sur cette croyance limitante et je rétorquerais que je crois aux potentiels illimités, mais les clefs et les portes à ouvrir demandent du **courage et une capacité à l'accueillir que le mental ne peut comprendre.**

Tant que nous sommes **dans la magie** que Bandler et Grinder ont voulu nous vendre, nous ne serons pas **dans l'acceptation des possibles de l'autre à un instant T** et donc en rupture inconsciente avec lui. Il est intéressant de se poser la question de **pourquoi il faut que vos vies et votre profession soient magiques ?** Le manque de magie dans vos vies vous ramène à quoi ?

Le temps c'est aussi celui d'une thérapie, comme je vous l'ai souligné, **c'est en bossant sur soi que l'on se rend compte** que les choses reviennent souvent sur les mêmes sujets.

Si vous faites de l'auto hypnose tous les jours, pas seulement quand vous avez un mal, mais au quotidien avec de l'auto analyse hypnotique, des travaux régressifs, de l'hypno analyse, vous découvrirez que **les patterns ont la vie dure**, mais aussi les raisons de leur existence.

Vous découvrirez que vous **recommencez les mêmes patterns**, les mêmes schémas, pourtant **vous aurez mis en place des milliers de protocoles,** d'ancrages, de ruptures, de submodalités... Vous verrez quand **ça avance et quand ça régresse**, vous verrez qui vous êtes simplement. Et vous comprendrez plus facilement pourquoi certaines sessions avec vos partenaires ne mènent à rien. **Travaillez-vous tous les jours en auto hypnose ? Connaissez-vous tellement bien ce travail que c'est une seconde nature ?** Et à ceux qui me diront qu'ils n'ont pas le temps, nous revenons sur cette question précédemment proposée, pourquoi tout doit aller vite et pourquoi ne pas prendre le temps pour vous-même ?

9. Les promesses dangereuses des hypnotistes

Je pense que **nous creusons notre propre tombe**. De plus en plus de praticiens font **des promesses de guérison**. Nous ne guérissons rien, nous permettons à ce subconscient de **bosser sur des ressources et de les mettre en place**. Quand je reçois une patiente atteinte de SEP qui me dit que son précédent hypnotiste a certifié **qu'en trois sessions elle serait débarrassée de sa maladie**, je me demande si on ne se dirige pas droit dans le mur.

J'ai entendu une personne dire **qu'on peut guérir du cancer avec l'hypnose en détournant mes propos** liés à mon expérience. Je trouve que c'est dangereux que de donner des espoirs, plutôt que de travailler au jour le jour sur la réalité des résultats.

Il y a **des multitudes de possibles** avec l'hypnose, mais restons professionnels et pragmatiques et gardons notre statut de discipline complémentaire.

Pourquoi ne pas **remettre l'hypnose à sa juste place**, cette place des capacités du cerveau, du corps et de l'esprit. **Cette unité** qui est tellement mise en avant depuis quelques années dans notre discipline. L'esprit impacte le corps, autant en profiter et **permettre de soulager, apaiser, ouvrir une nouvelle opportunité** vers un mieux-être.

A nous de mûrir et de ne pas vendre **nos propres fantasmes** ou nos quelques retours positifs comme des généralités et des vérités absolues sur la capacité de guérir. Ou nous finirons comme Servan-Schreiber.

Conclusion

En commençant ce texte il y a quelques heures, je ne pensais faire qu'une page sur mon blog. Je me rends compte **à quel point je ne suis pas d'accord avec le système** que nous avons mis en place.

Il y a **des tas de choses à repenser** et une des premières serait **d'arrêter de faire une hypnose anglo-saxonne** dans une culture française. Nous ne sommes pas dans les raisonnements et les logiques américaines, nous sommes **un pays de recherche et de réflexion, pas seulement basé résultats.**

Nous consommons **du fast-food de l'hypnose,** avec des programmes qui **n'ont pas été remis à jour** depuis des années. Avec une homogénéisation des programmes. D'ailleurs **les élèves reprennent les cours de leurs professeurs** et les enseignent aux générations suivantes qui feront la même chose avec leurs futurs élèves.

J'ai eu la chance de lire les cours de très nombreuses écoles et on **retrouve toujours la même chose.** Comment se fait-il que **nous ne fassions pas progresser l'hypnose ?** Que nous ne nous l'approprions pas ? Il y a Godin qui avait bossé sur la nouvelle hypnose. Pourtant, cela reste **une hégémonie d'une méthode éteinte en 1981.** Comment se fait-il que nous restions sur une hypnose vieille de 35 ans. Dans **aucune discipline, nous sommes restés autant sur place.**

Pourtant les forums, les écoles ou les conférences, sont remplis de **personnes passionnées qui étudient.**

Nous serions-nous seulement **fixé sur l'étude du passé**, sans oser vivre et développer le présent ? Je connais et j'ai discuté avec des hypnotistes qui font des thèses sur les préceptes du passé, qui connaissent tout et tout le monde, **mais quid du présent, de l'inventivité, oser sortir du carcan.**

Même notre **hypnose médicale est vieille,** Mme De Fraymonville a remis en place les hypno-sédations, nous avons de plus en plus d'opérations sous hypnose, mais pourquoi ne pas redécouvrir **le monde du direct ?** Je connais des infirmières anesthésistes qui écrivent leurs textes toute la nuit avant l'opération... N'y a-t-il pas un vrai **problème de maîtrise de la compétence ?**

Comme toute discipline, l'hypnose est dans un cycle positif. En souhaitant qu'aucune opération sous hypnose ne se complique au point d'entraîner la mort, si cette éventualité arrivait, ça serait la fin de cette ascension. Cette mode a du positif, sur la quantité de praticiens certifiés, il y aura des **personnes qui pourront faire avancer ce monde.**

Serons-nous capables de nous recadrer, sans constamment chercher cette sécurité ?

Be One

Le 27/03/16

Pank

Qui est HnO (Hype-N-Ose) ?

Hype-N-Ose (HnO) est une association de pratiquants et de praticiens en Hypnose à tendance Elmanienne, Hypnososphie et Thérapies Durables.

Notre but est de rechercher, développer, pratiquer et diffuser sur ces sujets.

Pour ce faire, nous utilisons plusieurs leviers : des formations, des cabinets ouverts, de l'Hypnose Urbaine, des livres, des audios...

Nous organisons des formations en Hypnose Classique Curative ainsi que des ateliers en thérapie durable.

L'Hypnosophie est une discipline de synthèse et intégrative. L'hypnose est un vaste monde avec des écoles, des styles et des tendances.

Plus qu'un style, nous souhaitons intégrer, sur les bases communes de l'hypnose, une ouverture globale.

Nous organisons des cabinets ouverts, dans le but de faire découvrir l'aspect curatif au plus grand nombre.

Toutes les semaines nous organisons des sorties « Hypnose Urbaine ».

Nous y invitons des praticiens mais aussi des amateurs.

Le but étant de faire connaître, dans un autre contexte que le soin, ce qu'est l'Hypnose.

Cette expérience humaine est extraordinaire. Nous pouvons dissiper les à priori et faire vivre des expériences agréables aux passants.

Vous pouvez trouver plus d'informations sur ce que nous mettons en place sur : www.hno-hypnose.com

Nous avons mis en place un site de Mp3 d'Hypnose pour faire vivre des micros séances. Vous trouverez des informations sur : www.hno-mp3-hypnose.com

Vous pouvez aussi suivre le blog avec tous les jours de nouvelles informations : www.laboratoire-hypnose.com

Si vous souhaitez nous rencontrer, échanger, partager, n'hésitez pas à nous contacter :

Mail : hype.ose@gmail.com

YouTube / Twitter / Facebook : Hype-N-Ose

Liste de Praticiens Hype-N-Ose

Jean Sébastien Op de Beeck : Bruxelles

Contact : +32-473-32-24-43 / js.opdebeeck@gmail.com

www.tb-hc.org

Pierre-Yves Hamel : Jouars Ponchartrain (78)

Contact : 06-89-21-67-93 / pyroeclips@hotmail.com

Elodie Cassar : Senlis (60)

Contact : 06-522-502-95 / ellodyssee@gmail.com

www.hypnose-senlis.com

Tristan Carmona : Narbonne (11)

Contact : 06-76-04-43-18

Estelle Herpin : Narbonne (11)

Contact : 06-76-84-58-77

Yann Poincloux : Saint Denis (93)

Contact : 06-98-25-07-00

Christophe Pank : Le Chesnay (78)

Contact : 06-62-30-45-17 / crosstherapist@gmail.com

www.hno-hypnose78.com

 Mhamed El Guindou : Paris (75)

Contact : 06 15 55 59 99

Emmeline Barré-Minos : Paris (75) - malakoff (92)

Contact : 07 81 20 70 64 / emmelinebm@gmail.com

Nicolas Depetris : La Croix en Tourraine (37)

Contact : 06 23 01 04 71 / ndepetris@hypnose-tours.com

www.hypnose-tours.com

François Nadaud : Pins-Justaret (31)

Contact : 06-73-71-31-89

http://www.les-portes-du-bien-etre.com/

Martial Guilhou : Biarritz (64)

Contact : 06-36-54-93-90

Jean-Elie Dussert : Pavillon sous-bois (93)

Contact : 06-09-67-10-66

Nathalie Daniel : Maison Alfort (94)

Contact : 06-10-77-72-17

Mathilde Lounis : Anthony (92)

Contact : 06 16 51 88 98

Passez sur notre site internet pour les mises à jour

http://www.hno-hypnose.com/ou-trouver-un-praticien-hno/

www.ingramcontent.com/pod-product-compliance
Lightning Source LLC
Chambersburg PA
CBHW071245280526
45788CB00004B/1586